Couverture inférieure manquante

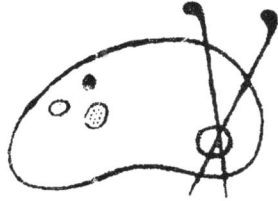

Début d'une série de documents
en couleur

DÉPARTEMENT DU CALVADOS

ARCHIVES DÉPARTEMENTALES

RAPPORT

DE

L'ARCHIVISTE DU DÉPARTEMENT

SUR LE

SERVICE DES ARCHIVES DÉPARTEMENTALES

COMMUNALES & HOSPITALIÈRES

CAEN

PAGNY, Imprimeur de la Préfecture
27, Rue Froide, 27

1894

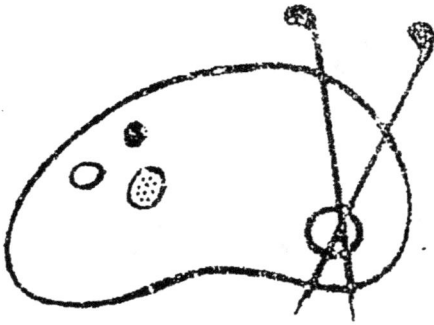

Fin d'une série de documents
en couleur

DÉPARTEMENT DU CALVADOS

ARCHIVES DÉPARTEMENTALES

RAPPORT

DE

L'ARCHIVISTE DU DÉPARTEMENT

SUR LE

SERVICE DES ARCHIVES DÉPARTEMENTALES
COMMUNALES & HOSPITALIÈRES

CAEN

PAGNY, Imprimeur de la Préfecture
27, RUE FROIDE, 27

1894

RAPPORT DE L'ARCHIVISTE

DU DÉPARTEMENT

Sur le service des Archives départementales, communales et hospitalières.

Caen, le 1er Juillet 1894.

MONSIEUR LE PRÉFET,

En conformité de l'article 4 du règlement général en date du 6 mars 1843 et de la circulaire ministérielle du 23 juin 1875, j'ai l'honneur de vous adresser mon rapport annuel sur le service des Archives départementales, communales et hospitalières, du 1er juillet 1893 au 30 juin 1894.

I. — LOCAL

Le bâtiment des Archives, construit en 1866, et diminué de trois pièces lors de l'aménagement de la salle des séances du Conseil général, en 1884-1885, est, dès à présent, encombré : les versements de papiers administratifs ne peuvent être intercalés à leur ordre méthodique, et de très nombreuses liasses, de nombreux registres, doivent attendre sur le plancher, au pied des travées, un placement définitif.

Cette situation, qui n'est pas sans apporter de sérieuses difficultés au fonctionnement régulier du service, m'oblige à supprimer tous les documents dont les circulaires ministérielles autorisent la destruction : de volumineux tas de papiers à vendre s'accumulent sur divers points des Archives, en attendant l'achèvement du long et minutieux travail de suppression, qui devra être suivi d'un remaniement général du dépôt.

Malgré la place qui sera ainsi récupérée, il est certain que, dans un avenir prochain, certaines collections rarement consultées et les réserves d'imprimés administratifs devront être reléguées dans une annexe, que les combles des anciens bureaux pourront, sans doute, nous fournir — à moins qu'il ne paraisse plus simple d'établir des rayonnages entre les travées du rez-de-chaussée.

II. — ACQUISITIONS, DONS ET RÉINTÉGRATIONS D'ARCHIVES ANCIENNES

Acquisitions

Trois liasses de documents, comprenant 131 pièces et cahiers, parchemin, et 5 pièces, papier, de 1493 à 1785, principalement du XVIe siècle, concernant les familles : de Bellemare de Val-Hébert ; de Béville, de Champaigne ; de La Court, s^r du Buisson, vicomte de Caen ; Gouyon de Thiéville ; de Hémery, s^r du Parc ; de Hérouval de La Londe ; Augustin-François de Malherbe, marquis de Malherbe, Juvigny, Saint-Vaast et Préaux, seigneur et patron de Rieux et Tessel ; Jean-Baptiste-Antoine de Malherbe, chanoine de Paris, abbé de Tiron ; de Malloisel ; de Mannoury ; Marguerit, s^r de Soignolles ; Du Mesnil, s^r du Coudray ; de Morel d'Aubigny et de Curcy ; de Nollent, s^r de Frénouville ; Du Prael ; de La Rivière, s^r de Brocottes et du Ham ; Du Saussey, s^r de Reux ; de Séran ; de La Tour, capitaine et gouverneur du château de Touques ; de Vassy, sieur du Périer ; de Vauquelin ; l'église de Frénouville ; les prieurés de St-Gabriel et de St-Nicolas de La Chesnaye, etc.

Figure également à cette acquistion un aveu rendu en 1628 au Roi et à Gaston, duc d'Orléans, gardien et usufruitier des biens, terres, domaines et seigneuries délaissés à Mademoiselle, sa fille (1628), par la famille Quesnel, en la prévôté de Pont-l'Evêque, pour une place de terre et maison audit lieu, sous rente à la recette ordinaire du domaine de la vicomté d'Auge de 5 quarterons de poivre par an. « Et oultre ce sommes tenus et subjectz d'aller jusques au lieu de Nyval au-devant des prisonniers pour les convoyer aux prisons de cete ville et de convoyer aussy les prisonniers criminels desdictes prisons jusques au lieu patibulaire pour l'exécution de leur sentence, armes et bastons de guerres, le tout comme les autres bourgeois de ceste dicte ville. » (Série A).

Dons

De M. Bénard, conducteur des ponts et chaussées à Caen, 1 parchemin de 1712, portant vente par Jean-Jacques et Eléazar de Beaussain, frères, écuyers, de Maizet, de rente sur François de Missy, écuyer, sieur des Marais, dont partie due à Madeleine Malherbe, veuve de François de Missy, neveu dudit s^r des Marais.

De M. Du Buisson de Courson, ancien sous-préfet, propriétaire aux Planches-sur-Amblie, canton de Creully, 1 pièce, parchemin, et 10 pièces, papier, de 1550 à 1762, concernant la famille de La Rivière (branches de Romilly et de Hérils), l'une d'elles concernant les biens de Jacques d'Amours, écuyer, sieur du Hommet, religionnaire en fuite (1687), et 1 pièce, parchemin, de 1717, vente par Nicolas Morant, seigneur et patron d'Eterville, de terre à Courseulles.

De M. Desseroir, employé aux archives départementales, 1 dossier de 13 pièces de procédures, de 1791 à 1793 (série L), dont il a été extrait, pour être placé à la série E, un parchemin de 1786, vente à Belard, sieur de Charlemont, directeur des régies du Roi à Bayeux, de fonds à Cussy.

De M. Le Lorier, sous-intendant militaire à Douai, 5 donations successives,

1°. 28 octobre 1893, 10 pièces, parchemin, de 1644 à 1787, concernant les familles Du Châtel, Gomond, Houdard, Le Baron, Le Goupil, Morel, de Morel et Pelhâte (série E) ; « compte trois° de la recepte et despence faictes des rentes deubz par chacun an à l'abbaye de Saincte-Trinitté de Caen..... que rend Jacques Danjou, receveur à ce commis par très illustre et religieuse princesse dame Madame Marie-Eléonor de Rohan..... abbesse de laditte abbaye, icelluy compte pour un an commenceant au jour de Sainct-Michel en septembre 1662 », 1 registre, grand format, de 42 feuillets, papier (Série H); 2 pièces, parchemin, de 1791 à 1793 (série L), titres de familles; 8 pièces, parchemin, de l'an ix à 1810 (série Z), titres de familles.

2°. 16 décembre 1893 15 pièces, parchemin, de 1643 à 1765, concernant les familles Beuzelin, Delamarre, Denis, Gomond, Laloe, Loyselier, Morel, Pelhâte, Riboult, Scelle, et l'église paroissiale du Poirier.

3°. 24 janvier 1894. 2 pièces, parchemin, de 1671 à 1779, concernant les familles Martin et Samson.

4°. 20 mars 1894. 1 pièce, parchemin, et 10 pièces, papier, de 1635 à 1773, concernant les familles Daubichon, Laloe, Le Baron, Le Chevalier, s^r de La Barre, Margeot, Pelhâte, Pohier, et Turgot, s^r de La Lande, et 1 parchemin de 1812, concernant la famille Le Roy.

5°. 24 avril 1894. — 14 pièces, parchemin, et 1 pièce, papier, de 1638 à 1786, concernant les familles Auvray, Bazire, Buhot, s^r de Bucéels et de St-Manvieu, Chaperon, Dumont, Duprey, Ecolasse Eustache, Houssaye, Le Tual, de Livet, de Morel, Regnaud, Vigney (série E); 2 parchemins, titres de familles, ans V et VI (série L).

Avec l'autorisation de M. Le Lorier, j'ai distrait de ses donations et envoyé aux archives de la Vienne 4 feuillets, parchemin, d'un intéressant registre de comptes du Parlement établi à Poitiers par le Dauphin, régent du royaume, en 1418.

De M. le chanoine Niquet, à Bayeux, 1 liasse de pièces concernant la seigneurie de Pierrepont (canton de Falaise nord), et la famille Des Mons, de 1465 à 1751, complément d'une précédente donation (cf. mon rapport de 1893).

De M. Raulin, ancien directeur de la maison centrale de Beaulieu, ancien président de la Société des Antiquaires de Normandie, à Caen, un cahier de 60 pages comprenant la copie, exécutée par lui, du « papier de la recepte des rentes et fermaiges en argent appartenant à l'abbaye Sainct-Estienne de Caen, commençant à la Sainct-Michel 1549 », registre de 123 feuillets découvert en 1890 dans la muraille d'une maison, rue de Bernières, à Caen.

Réintégrations

Archives départementales

Orne. - 4 pièces, parchemin, de 1661 à 1770, concernant les familles Beaunis, Bernouis, Le Brethon et Rohais (E), provenant d'un don fait à ce dépôt par M. Le Lorier.

Vienne. — 1 pièce concernant la famille Féron, 1785, (E); 1 dossier concernant la liquidation du greffe de police de Caen, à Darbonnet (L).

Sous-Préfecture de Pont-l'Évêque

Séries : C. Commission intermédiaire de la Haute-Normandie (lacéré, date enlevée), 1 pièce ; E. Familles Delamare, Hue et Du Montpalier, 1713-1773, 3 pièces; L. District de Pont-l'Évêque, cantons de Beaumont, Blangy, Cambremer, Honfleur, Honfleur rural et Pont-l'Évêque, 7 dossiers, formant 1 liasse ; M. Élections, Bonaparte consul à vie, 1 pièce. Fonctionnaires, prestations de serment, 1814, 1 pièce. Population, an XII, 1 cahier ; Q. Biens nationaux, 1 petite liasse ; R. Affaires militaires, an IX-1815, 1 dossier.

Archives communales

Cully. — 4 pièces, parchemin, 12 pièces, papier, de 1403 à 1728, concernant l'église paroissiale.

Le Fresne-Camilly. — 1 pièce, papier. Compte du trésor et fabrique de Cainet, de 1745 à 1747, rendu en 1749.

Rosel. — 1 cahier, papier. Compte du bien et revenu du trésor de Rosel pour 1705-1706, rendu en 1711.

Saint-Martin-de-Fontenay. — « Registre des procès-verbaux des cérémonies publiques du canton de St-Martin-de-Fontenay » (ans VI et VII), qui est heureusement venu compléter les autres registres dudit canton conservés dans la série L, sous les cotes provisoires : registres 990-996 (transcriptions des lois et décrets, délibérations de l'administration municipale du canton, passe-ports, registre civique, registre de police, assemblées primaires). A citer, entre autres « la pompe funèbre à l'occasion de la mort du général Hoche » (30 vendémiaire an VI), la fête à l'occasion de la ratification du traité de paix avec l'Empereur (20 nivôse an VI), la fête de la Jeunesse (10 germinal an VII).

Villiers-le-Sec. — 84 pièces, parchemin, et 34 pièces, papier, de 1313 à 1792, concernant l'église paroissiale de Villiers.

Il n'a pas encore été possible de réintégrer des archives communales de Cairon 2 pièces, parchemin, et 9 pièces, papier, de 1663 à 1787, concernant l'église paroissiale des Buissons.

D'autres réintégrations, provoquées par mes tournées, sont actuellement en instance.

Administration de l'Enregistrement et des Domaines

J'ai demandé, dans mon dernier rapport, le versement aux archives départementales : 1° des registres de « formalités », contrôles d'actes, insinuations, centième denier ; 2° des documents concernant les biens nationaux, que conservent les bureaux d'enregistrement.

M. le Ministre de l'Instruction publique a bien voulu vous faire connaître, récemment, que M. le Ministre des finances autorisait le versement des titres compris dans cette seconde catégorie.

Un rapport spécial, y relatif, est joint au présent compte-rendu.

L'attente des décisions de l'administration supérieure m'avait fait interrompre l'exploration, déjà si fructueuse, des bureaux d'enregistrement, pour la période antérieure à 1790. Le travail, très utile, mais très rude, sera terminée cette année, au cours de mes tournées d'inspection. A ce jour, figurent les réintégrations suivantes :

Argences.—Séries : C. Domaines, 4 pièces ; G. Eglises paroissiales d'Emiéville et Hérouvillette, 2 pièces ; H. Abbaye de Jumièges et Hôtel-Dieu de Caen, 2 pièces.

Caen, successions et domaines (2ᵉ versement).—Séries: B. Justice de Vassy, 1 pièce ; D. Collège des Jésuites de Caen. 1 dossier ; E. Familles Bigot, de La Chapelle, Crevel, Durand, Hébert, La Motte, Noël et Roulland, 8 dossiers ; G. Eglises paroissiales de Bretteville-sur-Odon, St-Etienne et St-Martin de Caen, chapelle de St-Quentin, 4 dossiers ; H. Abbaye d'Aunay, 1 pièce.

Les nombreux documents de l'époque révolutionnaire ont été triés et seront prochainement réintégrés.

Condé-sur-Noireau. — Séries : C. Domaines. Bureau de Condé, correspondance, circulaires et imprimés divers, de 1699 à 1790, 1 forte liasse ; E. Famille Botet, 1783, 1 pièce ; Q. Sommiers des fabriques et des émigrés, 3 registres.

Orbec. — Séries : C. Domaines. Bureaux d'Orbec, Fervaques et Livarot, 3 registres et 1 petite liasse ; E. Familles Le Bas, Bénard, Berthelot, de Boctey, de Bonnechose, de Brucourt, de Chanu, de Chaumont-Quitry, Deshayes, Hélix d'Hacqueville, de Laval, Lemyre de Villers, de Liée de Belleau, Livet, Loisel, de

Margeot, Le Michel, d'Ouésy, Quillet, de Venoix, 19 dossiers et 1 liasse ; G. Chapitre cathédral de Lisieux, 3 pièces. Eglise paroissiale d'Orbec, compte de 1774, 1 cahier ; Q. Sommiers des fabriques, 2 registres. Copies et extraits de baux d'émigrés (avant 1790), 1 registre. Pièces diverses, 1 petite liasse.

Thury-Harcourt. — Séries : C. Domaines. Bureaux de Nonancourt et Ry, 1 dossier ; E. Familles Bonvoisin, de Croisilles, Dalibert, Le Doulcet, d'Harcourt, Hélie de Donnay, de La Cour, de Longaunay, de Manoury, de Wambez de Florimont, 10 dossiers ; G. Séminaire de Falaise, églises paroissiales de Hamars et Tournebu, 3 dossiers ; H. Abbaye du Val, 1 dossier ; Q. Abbaye du Val et émigrés, 1 dossier. Extraits des baux des émigrés et du clergé, 3 registres.

Vire (domaines). — Séries : A. Domaines du duc d'Orléans, 1586, 1 cahier ; C. Domaines (aliénations, engagements, etc.), 1650-1786, 19 pièces, papier ; E. Famille Marie, 1790, 1 pièce ; G. Chapitre cathédral de Bayeux, 1736, 2 pièces. Eglises paroissiales de Beaulieu, Beaumesnil, Burcy, Campagnolles, Clinchamps, Le Désert, La Lande-Vaumont, Maisoncelles, Sept-Frères, Vaudry et Vire (St-Thomas), de 1552 à 1792, 25 pièces ; H. Bénédictines et Ursulines de Vire, de 1722 à 1788. 32 pièces; Q. Eglises paroissiales, rentes, 28 pièces. Sommiers, 10 registres, dont trois de biens d'émigrés, trois de biens de fabriques, trois de baux et un de rentes.

III. — VERSEMENTS DE PAPIERS ADMINISTRATIFS

Les versements opérés pendant l'année se composent de 907 articles.

Il a été déposé, en outre, 340 volumes et brochures publications des ministères et des départements, etc.)

Les publications en nombre du département (actes administratifs, conseil général, etc.), et les journaux, ne sont pas compris dans ces chiffres.

IV. — VENTE DE PAPIERS INUTILES

Voir au chapitre suivant la suite du travail préparatoire.

V. — CLASSEMENTS

Dès mon premier rapport (1885), j'ai constaté que le classement des fonds n'avait pas été fait, aux archives du Calvados, d'une manière règlementaire, en prenant pour base les instructions ministérielles. Si de très-notables modifications ont, depuis lors, remanié l'ancien état de choses, il n'en reste pas moins, à cet égard, beaucoup à faire, mes efforts s'étant, jusqu'ici, principalement portés sur l'inventaire. Au fur et à mesure de sa rédaction, ou au hasard des recherches, de sérieuses rectifications ont continué, cette année, à être apportées au classement des archives anciennes.

C'est ainsi :

Que 4 liasses de documents concernant l'Intendance de Caen (C) ont été extraites du fonds de la Commission intermédiaire de la Basse-Normandie et jointes, pour répartition ultérieure, au supplément de l'Intendance ;

Que du fonds de l'Université de Caen, faculté de théologie (D), 5 pièces et cahiers *concernant* l'Université, XVIIe siècle, ont été distraits pour aller rejoindre le fonds des Jacobins de Caen (H), dont ils portent les cotes caractéristiques ;

Que le fonds du prieuré de Ste-Barbe-en-Auge uni au collège des Jésuites (D) a perdu une liasse concernant Falaise, partagée entre les séries G (églises paroissiales de Falaise: Guibray, St-Gervais, la Trinité et St-Laurent-de-Vaston), et H (Trinité de Caen et Hôtel-Dieu de Falaise), ainsi qu'une liasse du fonds du chapitre de Bayeux.

Qu'un cahier classé à la série E, famille de Grenthe, a été reporté à la série C, bureau des finances ;

Qu'une liasse de pièces de la collégiale du Sépulcre de Caen (G) (principalement « résidu ») a été répartie entre plusieurs fonds : C, subdélégation de Caen; D, Université; E, Familles; G, église St-Pierre-de-Caen; H, Carmes et Hôtel-Dieu de Caen ; Q, biens nationaux. Ici, comme ailleurs, beaucoup de pièces avaient été groupées par objets, non par fonds.

Que du fonds des Jacobins de Caen 2 lettres à l'intendant, concernant les Jacobins, ont été replacées au fonds de l'intendance, etc.

Les archives postérieures à 1790 devront également être explorées pour la réintégration aux séries historiques des documents antérieurs à la Révolution. Je signale, cette année, le transfert :

De L à E, famille d'Hautefeuille, arrêt du Conseil de 1788 ;

De O (Meulles) à G, 3 pièces de 1695 à 1780, concernant l'école ;

De O (Villers-Bocage) à E, 3 pièces, parchemin, et 1 pièce, papier, de 1761 à 1769, titres de rente ;

De V à G, 6 pièces, papier, de 1570 à 1692, concernant le prieuré-cure de Clinchamps, produites par le curé pour rentrer en possession d'une pièce de terre non aliénée comme bien national.

Le travail a été exécuté cette année pour la série Q (biens nationaux), dont le triage avait été commencé l'an dernier et dont mon rapport de 1893 donnait les premiers résultats. Il a été terminé cette année.

La circulaire du 11 novembre 1874 avait prescrit, d'après des règles officielles, la mise en ordre des deux séries L et Q consacrées à la période révolutionnaire : elle n'avait pas reçu d'exécution dans le Calvados.

J'ai, en 1885, trouvé la série L (administration de la période révolutionnaire) composée de deux parties distinctes : les registres, alignés sans classement ; les pièces, triées « en gros », avec le titre sommaire du contenu suivant les *matières*, non suivant les *fonds* (département, districts, cantons, sociétés populaires, etc.), et comprenant, non seulement, d'après le cadre officiel, les pièces de 1790 à l'an VIII, mais le nombreux documents du premier Empire, et même des pièces allant jusqu'en 1833 (Fêtes publiques).

Les registres ont été numérotés et, pour chacun, a été rédigé un bulletin indiquant le fonds, l'objet, les dates extrêmes ; en ce qui concerne les liasses, il ne pourra être définitivement procédé à leur classement avant un remaniement complet des séries M-Z, où figurent des documents similaires, qui devront être incorporés à la série L ; c'est ainsi que, lors de la demande de renseignements émanant de la direction des Archives nationales, en vue de la rédaction d'un inventaire spécial, j'ai dû extraire de la série N les procès-verbaux imprimés du Conseil général pendant la période révolutionnaire.

La série Q, souvent consultée, possédait des tables pour les registres ou recueils factices des ventes de biens nationaux ; quant aux liasses, il ne pouvait être question d'y faire de recherches sérieuses.

Le classement en a été terminé cette année, avec

663 liasses concernant les biens nationaux de 1re et 2e origine, les émigrés, les prêtres déportés, les églises paroissiales, abbayes, etc. Il a été extrait de la série Q et réparti entre les diverses séries, savoir :

Pour la partie antérieure à 1790 :

Séries	B	—	4 dossiers.
—	C	—	25 —
—	D	—	2 —
—	E 45 liasses composées de 1149 dossiers,		4 —
—	G 1 liasse,		44 —
—	H 3 liasses,		32 —

Pour la partie postérieure à 1790 :

Séries	K 4	liasses.
—	L 73	—
—	M 17	—
—	N 2	—
—	O 29	—
—	P 7	—
—	R 5	—
—	S 7	—
—	V 1	—

Le même travail devra être exécuté pour les recueils factices de la série Q. Dans le registre contenant les ventes des biens nationaux de 1re origine, de prairial et messidor an VI (n°s 1280 à 1312), le hasard des recherches a fait découvrir et j'ai réintégré dans les séries G et H, après avoir noté sur le registre même le nouveau classement, 3 pièces, parchemin, et 1 pièce, papier, de 1762 à 1789, concernant les églises de Lion, St-Germain-Langot et Sannerville, et le bail par l'abbé commandataire de St-Jean de Falaise à Jacques-François Dubosc, chevalier, seigneur de La Cour de Bourneville, etc., du logis abbatial, jardin, etc. (1789).

Pour le numérotage de la série Q, il est nécessaire d'attendre le triage régulier de la série L et les versements des bureaux d'enregistrement qui l'accroîtront dans des proportions considérables.

En ce qui concerne les archives administratives, c'est-à-dire les documents postérieurs à 1800, le travail de l'année peut se diviser en deux catégories.

1° Les classements sont résumés par le tableau suivants :

Séries	K	1 liasse		
	M	77 —		
	N	7 —		
	O	348 —	85 registres	
	P	46 —	6 —	
	R	12 —	3 —	
	S	48 —		
	T	248 —		
	U	12 —		
	V	1 —		
	X	59 —	8 —	
	Y	4 —		
		863 liasses	102 registres	

2° Les suppressions pour la vente ont porté principalement sur les comptes communaux. Les 175 liasses comprenant les comptes des communes de l'arrondissement de Bayeux de 1853 à 1862, ont été réduites à 20, plus 145 dossiers de pièces annexes réintégrées aux dossiers communaux qu'elles concernent; de même les 275 liasses de l'arrondissement de Caen pour les années 1853-1860 ont été réduites à 24, plus 188 dossiers de pièces annexes, à réintégrer. Il a donc été supprimé, pour la vente, 406 liasses. Le travail se continue par les années 1861 et 1862 de l'arrondissement de Caen, et par les comptes des autres arrondissements, depuis 1853 C'est là un travail aussi long que minutieux, par suite de la nature des pièces, qui exigent un examen très attentif.

Il a été de même procédé au triage par séries d'un tas de documents, antérieurement à ma gestion mis au rebut et placés sous la cage de l'escalier : après examen sommaire, ils ont été répartis en 75 liasses, dont 40 à supprimer et 35 à réviser avant incorporation dans les séries M-Z.

40 liasses de dossiers d'enfants assistés ou secourus ont été mises de côté en 13 ballots, pour la vente.

Estampillage. — Il a été procédé à l'estampillage :

De la série G, comprenant 17 travées ;

Des fonds des abbayes de Cordillon, Troarn et la Trinité de Caen, 8 travées ;

De 245 liasses de la séries Q.

Les articles 197-644 de la série D, c'est-à-dire toute la partie inventoriée à ce jour, ont également été estampillés ; chaque pièce a de plus été numérotée au composteur (lettre de série et n° de l'article), et les registres, non encore foliotés à la main, l'ont été à l'aide d'un folioteur mécanique.

VI. — RÉDACTION DE L'INVENTAIRE

1,300 ARTICLES, formant plus d'un volume d'impresssion in-4° à double colonne.

Série C. 661 articles. Le fonds de la *Commission intermédiaire de la Basse-Normandie*, dont l'inventaire avait été commencé l'an dernier, avec 308 articles, a

2

été terminé avec la rédaction des articles 7918-8578. Je regrette de ne pouvoir, faute de place, donner des extraits de cette importante collection, si intéressante pour les dernières années de l'ancien régime et la préparation de la période révolutionnaire. Je signale, entre autres, en dehors des registres des délibérations, les états de 1788 comprenant, pour chaque paroisse, les chiffres des impositions, les noms et professions des imposés, les listes des privilégiés, et surtout des « observations générales » formant l'exposé des réclamations de chaque paroisse, véritable préface des cahiers de 1789.

Série D. 421 articles. — *Université de Caen* (suite), articles 221-644, dont l'impression, presque achevée, donnera plus de 25 feuilles, c'est-à-dire plus de 200 pages in-4° à double colonne.

221-362. Comptabilité. Les registres de 1514 à 1586 (D. 203-220) ont été inventoriés l'an dernier ; ont été classés et analysés cette année les registres, depuis l'année 1586, et les pièces justificatives, remontant à 1445. Les lacunes des registres de conclusions ou délibérations, de 1553 à 1641, et de 1668 à 1681, insuffisamment comblées par les rectories qui ne dépassent pas 1577, rendent plus précieuse encore cette collection, si importante pour la reconstitution, sous toutes ses faces, de la vie quotidienne, intime, de l'ancienne Université : Noms de recteurs, doyens, docteurs, professeurs, officiers et suppôts, qui seront utilisés pour les listes des préfaces. Impressions de l'Université depuis le XVIe siècle. Mémoires de libraires. Bibliothèque : achats de livres depuis le commencement du XVIe siècle. Entre autres : Prix et frais de l'Herculanum, acheté à Naples le 21 février 1771 par Ch. Longuet, négociant à Caen, au nom

de l'Université : 6 volumes à 12 ducats, soit 72 ducats,
à 4 l. 9 s. t., 330 l. 8 s. ; frais de route, douane, et autres, de Naples à Caen, 37 l. ; à Manoury, libraire à
Caen, 24 l. pour la reliure des Antiquités d'Herculanum,
6 grands volumes, in-folio. Débours par Longuet pour
le 7ᵉ volume de l'Herculanum : prix d'achat à Naples,
12 ducats, plus 1 ducat pour caisse et autres frais, 55 l.
5 s., débours du commissionnaire à Marseille, 3 l., ap-
port par les carrosses de Marseille à Caen, 22 l. 8 s. 6d.
Palinods ou concours poétiques, nombreux documents,
surtout du XVIᵉ siècle. Frais de voyage d'Orléans en
1478 par Jean Léonard, docteur en théologie, Jean Pel-
levé, docteur en lois et décret, Pierre Blondel, docteur
en chacun droit, et Jacques Avaine, licencié en théologie ; « pour belle chière à l'ostellerie pour toult le
temps, II escuz en or, vall. LXV sols. », etc. Curieux
mémoire des dépenses et itinéraire du voyage d'Adam
Lalongny, député de l'Université au Concile de Lyon
puis à Blois (1513). Consultation de M. de Bras, l'historien de Caen au XVIᵉ siècle. Entrée à Caen du duc de
Montpensier le 15 août 1588. Cérémonie de l'érection
de la statue de Louis XIV, place Royale, en 1685. Dépenses pour le jubé de St-Pierre appartenant à l'Université : Le Marchand, peintre, Gohier, sculpteur (1694).
Paiements : à divers orfèvres ; au fondeur de cloches
Jonchon ; aux peintres Caignard, Manoury, Saint ; aux
abbés Lesseline et Sosson, maîtres de musique ; recettes,
pour loyers ou rentes, du peintre Restout, du peintre
en miniature Élouis, du graveur Lamy ; procès-verbaux
des architectes Guéret et Noël, de Boisard, architecte
de la ville de Caen (XVIIIᵉ siècle). Travaux aux vitraux
de l'église de la Gloriette ou du collège du Mont (aujourd'hui Notre-Dame). Mémoires de maçons, charpen-
tiers, couvreurs, vitriers, serruriers, qui fourniraient

un intéressant mémoire sur les « prix » des corps de métiers à Caen, surtout aux XVII° et XVIII° siècle. Variations des monnaies, etc., etc.

363-368. Bâtiments de l'Université, de 1344 à 1778. Donation des grandes écoles par la duchesse d'Orléans, de Milan et de Valois, 1477 (n. s.). Au lendemain de l'inauguration du « palais » des facultés de Caen, il n'est pas sans intérêt de constater, d'après nos documents, l'état lamentable des bâtiments de l'ancienne Université, en plein « siècle de Louis XIV ». En l'an de grâce 1693, sur l'ordre de l'intendant Foucault, Pierre Deschamps, expert juré commis par le Roi pour faire les visites et estimations du ressort du bailliage de Caen, procède à leur visite officielle. Veut-on savoir comment était alors logée la faculté des lettres? « Nous avons visitté la salle des Arts, qui a de longueur 9 toises, de large 4, à laquelle salle il y a deux entrée, l'une où il y a quatre marches à descendre, et à l'autre entrée il y en a sept, et ladite salle est quatre piedz plus basse que le pavé de la rue, lesquelles marches sont entièrement ruinée par vétusté, les costières et gables sont en la plus grande partye ruinez, et elle n'est esclairée que par des gazons, encore forts petits, et tous de différente figure, sans qu'il y ayt aucune croisée ny viltre, mais seullement quelque carreaux de bois, ce qui n'empesche point qu'elle ne soit très obscure et très villaine, n'estant point pavée, oultre qu'elle est sy humide, à cause qu'elle est à quatre piedz au dessouz du niveau du pavé de la rue, que les bancs y pourissent, de sorte que, quand on y entre, on diroit que ce seroit plustost un cachot qu'une salle d'exercice, où cependant il faut faire les actes publics. En second lieu, nous avons visitté le planché de la dite salle, sur quoy est la classe royale de la sacrée théologie, qui est estançonnée par

cinq endroits, et nous remarquâmes que du costé de la
rue le mur menace à ruine ; de là, on monte à la classe
de théologie par un escallier adjousté au bout du basti-
ment, qui a quatre piedz de largeur, et qui est sy in-
commode aux proffesseurs, à cause du bruit du marché
qui y tient, que le plus souvent il est contraints de cesser
ses explications ; de plus, deux grandes villaines porte
toute percée et de nulle valleur : ledit escallier est couvert d'une vieille charpente en apentif, de sorte qu'on
diroit à le voir que ce seroit plustost quelque vieux ca-
bas abandonné qu'un lieu sy fréquenté et qui en partye
feroit l'honneur de la ville de Caen, etc. ». Cette citation
suffit : les travaux de reconstruction, commencés en 1694,
donnèrent en 1701 l'édifice qui, transformé, a fait place
au « palais » actuel de l'Université. Une gravure de
Desbrulins, 1759, nous a conservé le plan et l'éléva-
tion du bâtiment, finement agrémenté de personnages.

369-392. Maisons et propriétés à Caen, Colleville,
Condé-sur-Laizon, Fontenay-le-Pesnel, Lébisey et
Mathieu, de 1425 à l'an III. A signaler principalement
les titres de propriétés des maisons léguées par Lesnau-
derie, l'auteur du Matrologe, qui en même temps que
les registres des Conclusions et divers documents signa-
lés par l'inventaire, serviront à compléter sa biographie,
esquissée par M. de Bourmont dans la préface de sa
thèse sur l'Université de Caen au XVe siècle. J'y note
également un mandement de Charles VII au bailli de
Caen, sur la supplication des Croisiers de Caen, contenant comme avant « la piteuse, cruelle et inhumaine
prinse d'assault d'icelle nostre ville de Caen, qui fut
faicte jà pieça par noz anemis et adverssères les An-
gloys », leurs prédécesseurs avaient baillé à fieffe, par
8 l. t., 1 chapon, 15 œufs, et autres charges, de rente,
une maison, cour, jardin, qui leur avaient été donnés,

à Roger de La Londe, qui fut tué aud. assaut, et dont les hoirs ont toujours, depuis, été en l'obéissance du Roi de France, après laquelle prise un Anglais se bouta, par voie de fait ou autrement, en lad. maison, et tant fait que les prieur et frères, qui pour lors étaient en petit et insuffisant nombre, à l'occasion de la . prise, lui baillèrent lesd. héritages pour la crainte et fureur de lui et de ses alliés, qui étaient pour lors fort à redouter, moyennant 4 l. t. de rente après les 3 premières années ; depuis la réduction de la Normandie, les héritiers dud. de La Londe sont venus pour prendre possession dud. hôtel : ordre au bailli, s'il lui appert de la première fieffe, etc., de recevoir les religieux à demander leur première rente, comme avant le contrat fait avec led. Anglais, qui n'aura vertu (1452).—Jean Féron et Jean Baston, architectes à Caen, en 1576 ; baux à Jean-Pierre Élouis, peintre et doreur, 1766, à Boisard, architecte, 1769.

393-406. Messageries, de 1473 à 1741.

407-418. Droits et rentes, de 1505 à 1830. Donation de 20 livres de rente par l'historien de Caen, Charles de Bourgueville, sieur de Bras, ancien lieutenant général au bailliage, « congnoissant que les hommes ne sont pas seullement nais pour eulx, mais aussy pour leur patrie, parens, amis et successeurs, et que par l'estude de droict où il avoit versé en sa jeunesse il estoit parvenu, à l'aide de Dieu, aux estatz tant honorables de judicature qu'il a exercées par plus de quarante ans, et affin d'exiter les supostz et professeurs des bonnes lettres de l'Université de Caen à faire tout debvoir à l'instruction des estudians, comme aussy ses petitz filz, nepveus, et jeunesse tant de cested. ville que d'ailleurs, à profficter aux bonnes lettres, soit de la jurisprudence ou autres siences, et que par tel moien

ilz puissent parvenir aux estatz et gouvernement des
Républicques pour le service de Dieu, du Roy et du public. » (1591). — Donation par Jacques de Cahaignes,
docteur et professeur royal de médecine, d'une rente
de 75 livres pour fondation d'une bourse de 40 livres
par an à la faculté de médecine, à charge par celui qui
sera reçu à lad. place de prononcer annuellement, aux
écoles des arts, le jour du décès du fondateur, une harangue latine, dont le sujet sera de l'excellence des lettres humaines, ou de l'institution des Universités et de
l'honneur dû à la mémoire de ceux qui exercent leur
libéralité pour l'augmentation des bonnes lettres, en
telle sorte que, quelque sujet qu'il se propose, il fasse
tomber son discours sur la mémoire du fondateur, pour
la prononciation et composition de laquelle harangue il
lui sera délivré 60 sols, etc. (1612). — Donation par
Pierre Le Marchant, écuyer, seigneur de Saint-Man-
vieu, — désirant accomplir la volonté de son oncle,
Pierre Le Marchant, sieur de Rosel, trésorier général
de France à Caen, qui avait de son vivant en singulière
recommandation les lettres et les hommes doctes, et
reconnu que la récompense est un moyen le plus puis-
sant pour exciter les hommes à la vertu, dont la première et principale est le culte d'un vraie religion, et
qui, désirant laisser à la postérité un témoignage de sa
piété et de son affection envers ceux qui feraient le
mieux en la poésie, eut l'intention de fonder un prix
pour la meilleure ode en français qui sera lue tous les
ans au Puy de l'Immaculée Conception de la Vierge
établi en l'Université de Caen, — à l'U^{té}, en augmentation de la fondation dud. Puy, d'un cent de jetons
d'argent par an, pesant 2 marcs et demi ou environ,
avec une bourse de velours vert, de la façon qu'on a
coutume de faire les bourses pour mettre les jetons, à

l'un des côtés desquels sera imprimé le portrait et figure du feu sieur de Rosel, à l'entour de laquelle sera écrit *Pierre Le Marchant, escuier, sieur de Rozel, conseiller du Roy, trésorier général de France à Caen*, et en l'autre côté seront imprimées ses armes, « trois rozes avec un chevron rompu », et sera écrit à l'entour *Nostri servabit odorem* ; à cette fin le donateur a fait graver quatre « coings ou carrez d'acier » pour imprimer lesd. jetons, lesquels jetons et bourse seront délivrés à celui qui aura composé la meilleure ode, qui sera lue aud. Puy, sur le jugement qui en sera fait par le recteur et les 5 doyens des facultés, et deux honnêtes personnes de la ville de Caen, les plus capables et mieux versées en l'art de poésie, qui seront choisies par les recteur et doyens, comme il a été ci-devant en usage. Cette ode « sera de dix bastons, et chacun baston de dix vers, dont le mascullin sera de huit piedz et le fémenin de neuf, lesquelz bastons pour la rime seront disposez à la vollonté et discrétion du poëte ». Donation à cette fin de 150 livres tournois de rente foncière sur une maison ou maisons à plusieurs corps et combles et jardins, assis à Caen, paroisse Saint-Pierre, à lui appartenant, vulgairement appelée la maison de la Monnaie, jouxtant, entre autres, l'évêque de Bayeux, butant sur le devant sur la neuve rue et par derrière sur la rue des Quais (1629).

419-457. — Procédures pour rentes et affaires financières, de 1469 à 1774, documents d'intérêt secondaire, où on relèvera cependant des noms de recteurs, professeurs, officiers de l'Université, et qui serviront, en particulier ceux de l'interminable procès contre Aubert de Saint-Jore et ses héritiers, à faire connaître les « ressources » de la procédure au bon vieux temps.

458-482. — Procédures diverses, de 1441 à 1787,

beaucoup plus importantes, qui ont été, à l'inventaire,
longuement analysées. Au premier rang figurent (D.
460. Cf. D. 373), « Trois proceds faits par Labbé de St-
Martin, surnommé La Calotte, à l'Université, l'un pour
la maison scise rue des Cordeliers dont il prétendoit
jouir au préjudice de l'adjudication qui en avoit esté
faite au sr Blanchechape, professeur, l'autre pour le
décanat de théologie, et l'autre au général de l'Université pour faire réformer certains abus qu'il prétendoit
s'y estre glissez. » Michel de St-Martin est le héros
d'une histoire assez divertissante, intitulée « La Man-
darinade ou Histoire comique du mandarinat de Monsieur l'abbé de Saint-Martin, marquis de Miskou, docteur en théologie et protonotaire du Saint-Siège
Apostolique, etc. » Cette mascarade aurait eu lieu « vers
le tems du Carnaval de l'année 1687 » (pages 34 et 35 de
l'édition de MDCCXXXVIII, à la Haye, chez P. Paupie,
sur le Spuy), c'est-à-dire l'année même de sa mort.
Nos documents ne nous montrent pas le grotesque
fantoche que le pamphlet dessine en lamentable cari-
cature. Reçu à bras ouverts à cause de sa fortune, in-
corporé à la faculté de théologie, élevé au rectorat, la
plus haute dignité de l'Université, Saint-Martin, dans
la suite mal récompensé de ses largesses, ne se con-
tenta pas de les porter ailleurs: il voulut faire réformer
les nombreux abus que des procès-verbaux authenti-
ques, dressés à sa requête, constatent dans toute leur
indéniable réalité. Les demandes de réformes qu'il sou-
mit en 1660 au Parlement, et dont j'ai donné les principales dans l'inventaire, sont, pour la plupart, dictées
par un véritable esprit de justice et de progrès. Près
de 30 ans après, la vanité sénile lui fit-elle prendre au
sérieux (1) la pseudo-ambassade du Roi de Siam, ou ne

(1) De nos jours, un érudit parisien a pris au sérieux « La Man-
darinade » comme le récit authentique de l'envoi, en France, d'une
ambassade Siamoise au XVIIe siècle !

faut-il pas voir, dans l'amusant récit, un roman plus ou moins inexact, plus ou moins « idéaliste », où les haines lentement amassées, les vengeances longuement caressés, se donnèrent enfin libre et malicieuse carrière? C'est la question que je me borne - pour aujourd'hui - à poser au futur historien de St-Martin, qui trouvera dans le tome II des Archives de l'Université, non seulement avec ces procès, mais avec ses fondations d'une ode latine au Palinod (p. 229) et d'une chaire de théologie (p. 289 et suiv.), avec sa curieuse lettre au recteur Dauge (p. 291 et 292) d'indispensables matériaux.

Je dois me contenter de signaler brièvement d'autres procès concernant: le décanat de théologie, contre Le Febvre, Eudiste, avec des factums remplis de faits, des renseignements les plus divers; le jubé de St-Pierre, démoli nuitamment par ordre de l'évêque en 1707 ; les dissentions intestines de l'Université, entre la majorité des facultés, et la théologie, à propos de la Bulle Unigenitus, et plus tard les droits, prenant fait et cause pour leur prieur Foubert des Pallières, bien « suggestives » pour restituer l'antagonisme profond que la diversité des intérêts, la rivalité des prérogatives, l'exagération des services personnels, et, il faut bien le dire, l'insuffisance et l'inégalité des traitements, entretenaient entre les membres de plusieurs corps trop rarement réunis — sauf contre l'ennemi commun — autrement que par le titre nominal d'Université; le monopole de l'Université, revendiqué avec un soin jaloux, notamment contre les religieux de St-Jean de Falaise, coupables d'avoir reçu avec leurs religieux étudiants quatre fils de bourgeois de la ville, etc.

Une mention toute spéciale est bien due aux procès incessants de l'Université contre les Jésuites ; le plus curieux, manifestant entre tous le perpétuel antagonisme des deux compagnies rivales, est bien celui que déchaîna une comédie intitulée *Antiquarius*, jouée en 1720 dans le collège des Jésuites. Voici une des dépositions de l'enquête. « A dit que le lundy trente décembre dernier, luy déposant fust au collége des Jésuites de cette ville pour assister à une pièce ou comédie qui se devoit jouer dans ledit collége sur les huit heures et demye du matin, et que pour cette effet il monta dans une grande salle dudit collége, du costé de la rue, qui sert d'école de théologie, où il y avoit un théâtre dressé au bout de lad. salle, sur lequel parurent plusieurs acteurs, et que luy déposant étant placé le long de la muraille, debout sur le banq, environ au milieu de la salle, il vit paroître un desdits acteurs ayant une espèce de mitre sur le teste, placée de travers, en sorte que les deux cornes en étoient sur les oreilles de l'acteur, lequel avoit aussi une peau autour du col, et d'autres qui luy descendoient sur les bras et sur la poitrine, de la manière que sont habillés Messieurs les docteurs de théologie, lequel acteur ayant paru sur le théâtre, il proféra ces paroles : *Ego sum doctor*, et un des autres acteurs luy ayant dit qu'il ne parloit pas assés haut et qu'on ne l'entendoit pas, ledit acteur, élevant sa voix, cria : *Ego sum doctor celeberrimæ Acamiæ Cadomensis*, sur quoy il s'éleva un ris public de tous les assistants, etc. » Il fallait aux Jésuites un certain aplomb — une pleine confiance en d' « augustes » protecteurs - pour tourner ainsi en ridicule l'Université à laquelle ils étaient agrégés, participant à ses privilèges : exclus dans une délibération solennelle, ils furent rétablis par ordre supérieur, après avoir déclaré par députés qu'ils n'avaient pas voulu offenser l'Université, ni manquer au respect qui lui était du ! !

D'importants documents, sur l'établissement des Jésuites à Caen, servent de pièces justificatives : ils sont
significatifs, et montrent bien comment la « Compa-
gnie » sut, à l'aide d'habiles appuis — avec la com-
plicité même de plusieurs Universitaires — vaincre
l'opposition de la ville, où le « suffrage universel » ma-
nifesta énergiquement sa volonté de ne pas la recevoir.

483. Formulaire d'Alexandre VII, de 1725 à 1790.

484-500. Palinod, de 1624 à 1790. Fondés au XVIe
siècle par Jean Le Mercier et surtout par Duval de
Mondrainville, ces concours poétiques, interrompus,
furent restaurés en 1624 par Le Maître de Savigny,
principal du collège du Bois, et bientôt de nouveaux
prix furent offerts à l'émulation des poètes. En dehors
des documents d'archives, contrats, placards, etc., y
relatifs — que devront compléter, notamment, les
conclusions et les comptes — le dépôt conserve plus
de 500 ballades, dixains, épigrammes latines, odes
latines alcaïques et iambiques, odes françaises, son-
nets et stances, du XVIIIe siècle, sur les sujets les plus
divers. L'allusion à la Vierge, qui devait terminer
chaque pièce, donne, au début de la période révolutionnaire, les contrastes, les rapprochements les plus
inattendus, les plus piquants. Il est regrettable que
les liasses constituées par l'Université n'aient pas été
respectées : c'est ainsi que les dates manquent à
presque toutes les pièces, et que le triage ori-
ginal des poésies couronnées et des poésies mises au
rebut a disparu ; j'ai dû me contenter de grouper
ensemble, dans un même article, les pièces de vers
de même forme.

501-504. Bibliothèque. Fondation, statuts, et union
du collège du Cloutier, en 1731.

505-512. Collège du Cloutier, de 1386 à 1826. A si-

gnaler principalement le cartulaire, rédigé en 1462
(n. s.) par Jean Le Briant, tabellion à Caen. En
dehors des deux pièces de 1452, contenant la fondation
et les statuts du collège, le cartulaire est, à propre-
ment parler, celui du fondateur Roger Le Cloutier,
d'abord simple « honorable homme », bourgeois de
Caen, successivement vicomte de St-Sylvain et du
Thuit, puis de Falaise, écuyer, seigneur de Montigny,
du Perroux, de St-Germain-le-Vasson et du Mesnil
d'Argences. Quoique contenant seulement les titres
des propriétés et des rentes dont il dota le collège, le
cartulaire permet de suivre le modeste bourgeois dans
l'édification patiente de sa fortune. Il faut bien re-
connaître, d'ailleurs, que ses intentions ne furent
que bien imparfaitement réalisées : le collège du
Cloutier végéta, proie de la cupidité de ses prin-
cipaux, et n'apporta qu'un très médiocre concours au
développement des lettres et des sciences ; son sou-
venir n'est pas même resté dans la toponomastique
locale, et la rue où il était situé, après s'être appelée
rue de la Poste, puis, sous la Révolution, rue de
Calas, est aujourd'hui rue Neuve-St-Jean.

513-516. Archives, de 1530 à 1766. Inventaire de 1723,
dû à Centsolts Du Coudray, professeur de troisième au
collège des Arts, qui « ramassa » intelligemment et
sauva bien des pièces des archives de l'Université,
dont un procès du XVIIIᵉ siècle (p. 209), montre bien
la conservation plus qu'insuffisante.

517-519. Fin de l'Université, de 1791 à 1793. Déclaration du 25 mai 1791 portant refus de serment ; révocation des signataires et organisation provisoire ; lettres
administratives de 1793 aux professeurs de l'Université.

520. Mélanges, de 1650 à 1731, recueil factice, concernant principalement le rétablissement des études de

droit, les règlements y relatifs, l'institution du professeur de droit français et des agrégés (1679-1682). Arrêt du Parlement de 1650 contre Jacques Du Pré, docteur en théologie, sur la plainte des Jésuites.

521. Supplément. Registre des conclusions ou délibérations du général, de 1746 à 1755, donné par M. Zévort, recteur de l'Académie de Caen, après l'impression du tome 1er, où il aurait figuré sous la cote D. 79. Déclaration contre la négligence de l'étude des langues anciennes. « Déjà l'étude des langues est négligée en beaucoup d'endroits. On croit le françois capable de tout remplacer. Bientôt on ne lira plus que les livres écrits en cette langue, toujours fort imparfaitte, malgré les améliorations et les embellissemens qu'elle a reçus. On oublie que nos meilleurs ouvrages ne sont que des modèles de la seconde main, de bonnes copies, si l'on veut, mais toujours des copies, qui ne dispensent point de l'étude et de l'inspection des originaux. Nous tenons des anciens les préceptes, les règles et les beautés qui portent aujourd'huy à les négliger, comme si l'on pouvoit désormais s'en passer. Ce n'est pas ainsi que pensent ceux qui ont suivi le progrès de l'esprit, qui ont parcouru avec examen la route qu'ont tenue les sciences et les arts. Ils apperçoivent entre les anciens et les modernes, entre les langues mortes et les vivantes, une liaison et une dépendence qui les rendent inséparables pour quiconque veut estre solidement éclairé.»(1746) La « question du latin », on le voit, n'est pas née d'hier.— Palinod. Pompe funèbre du recteur Boisne, tué en 1753.

522-581. Faculté de théologie, de 1504 à 1816. La série des Actes et Conclusions est complète, en 10 registres, de 1704 à 1791 : on y rencontre une foule de renseignements variés, notamment sur les querelles théologiques du XVIIIe siècle, et les procès-verbaux d'examens, no-

tamment de ceux de doctorat. Professeurs ; chaires ;
enseignement ; écoliers et gradués ; thèses, notamment
de Paris, de 1659 et 1722, sur satin, gravées ; affaires
théologiques et religieuses, querelles de la bulle *Unigenitus*, du Jansénisme, des « administrations de sacre-
ments. » Conclusions de la faculté de théologie de Paris,
de 1504, où figurent Gilles « Charronnelli, » prieur des
Jacobins de Paris, Guillaume Pépin, prieur des Jacobins d'Evreux, et Jean de Blois, prieur de « Sossellanges, »
ordre de Cluny, professeurs de théologie.— Bâtiments:
en 1651, requête de la faculté demandant l'aide de l'Université pour continuer les réparations des écoles où se
font ses leçons publiques et autres actes, qui sont entièrement ruinées et dans un état de désordre indigne,
etc. « Il y va de l'inthérest de la religion, surtout en
cette ville où les prétendus réformez ne sont qu'en trop
grand nombre, et qui tirent advantage du désordre et
abjection du lieu où s'enseigne une science si saincte
comme est celle de théologie. » — Biens et droits, rentes, comptabilité, etc.

582-644. — Fonds des Croisiers de Caen, unis à la
Faculté de théologie.

Nous possédons, dans la série Q, l'inventaire rédigé
à la Révolution des titres *utiles* : il a servi de base à
l'inventaire.

La réintégration du bureau d'enregistrement de
Caen nous a fait rentrer en possession d'une grande
partie des pièces qui, au début du siècle, avaient
été remises à l'abbé de La Rue pour l'Université,
subrogée aux droits de sa devancière. D'autres articles
manquent, dont la plupart ont été remis soit aux hos-
pices de Caen, auxquels les rentes avaient été transfé-
rées, soit aux acquéreurs : des extraits de l'inventaire
remplacent les liasses en déficit.

A signaler spécialement l'article 582, concernant l'histoire du monastère, d'abord placé rue Saint-Martin, puis, lors de la « cloture » de la ville en 1346, démoli pour faire place aux fortifications et transporté rue des Croisiers, au couvent des Béguines ; des lettres confirmatives de Philippe-le-Bel, de 1290, sont le plus ancien document cité ; analyse du cartulaire (XIVᵉ-XVIᵉ siècles), cahier de 36 feuillets. L'article 583 concerne la réunion des biens à la faculté de théologie en 1772, et divers documents y relatifs. Cf. D. 575. — Documents depuis le XIVᵉ siècle, concernant les biens et droits à Caen (maison de Gémare), baux, notamment à Claude Branu, sculpteur, bourgeois de Caen, 1699, etc.), Argences, Basly, Bény, Bernières-sur-Mer, Bretteville-l'Orgueilleuse, Buron, Cairon, Cambes, Carpiquet, Colleville-sur Mer, Courseulles, Couvrechef, Grangues, Hérouville, Lébisey, Luc, Marcelet, Norrey, Rots, Saint-Aubin-d'Arquenay, Saint-Pierre-la-Vieille, Secqueville-en Bessin, Tailleville et Urville (d'après les titres des liasses de la Révolution.)

En dehors de la partie existante des 64 liasses de titres *utiles*, conservées pour la vente des biens ou le remboursement des rentes, le dépôt ne possède (D. 637-644) qu'un très petit nombre de pièces ayant fait partie des archives des Croisiers : deux liasses de rentes et donations, renfermant notamment une réplique en nullité de testament de 1686, une reconnaissance de rente à Authie (1390), les pièces justificatives du compte de 1773-1774, les délibérations de la confrérie charitable de Saint-Joseph, érigée aux Croisiers (1643-1654), etc.

Série E supplément. Archives communales. 218 articles. Voir chapitre XII.

Impression de l'Inventaire. — CINQUANTE feuilles

ont été imprimées depuis mon dernier rapport : D. t.
II, 6-37, et E supplément, t. I, 25-42.

Trois volumes paraîtront pendant l'exercice 1894-
1895 : séries D tome II (Université de Caen), E supplément tome I (archives communales des cantons de
Caen ouest et est, Bourguébus, Creully et Douvres),
H supplément tome I (archives hospitalières de Bayeux
et de Lisieux).

VII. — COMMUNICATIONS ET EXPÉDITIONS

Les communications se sont élevées au chiffre de
2,604, dont 849 avec déplacement.

Ces chiffres suffisent pour prouver les services ren-
dus par les archives.

En outre, délivrance de 606 recueils des actes administratifs, volumes des rapports et délibérations du
Conseil général et de la Commission départementale et
imprimés divers.

Il a été délivré 19 expéditions. Le produit a été de
44 fr. 25 pour 29 rôles, dont 18 soumis au tarif spécial
de la loi du 29 décembre 1888.

VIII. — PERSONNEL

Pas de changement.

IX. — CRÉDITS A INSCRIRE AU BUDGET

J'ai l'honneur de proposer, pour l'exercice 1895, les
crédits alloués par le Conseil général pour l'exercice
1894 (chapitre X).

X. — SOUS-PRÉFECTURES

Conformément aux instructions ministérielles et en
suite d'une allocation spéciale de 300 francs, la mise

en ordre des archives de la sous-préfecture de Pont-
l'Evêque a été entreprise par le personnel de la sous-
préfecture.

Lors de ma dernière visite, un triage avait été
exécuté pour les registres, cahiers et liasses provenant
de la recette particulière et des percepteurs, placés
par années sur les rayons, à l'exception des documents
périmés mis de côté pour la vente. Des instructions
spéciales ont été données pour le classement et la suppression des pièces composant les autres séries. J'irai,
pendant mes tournées de juillet et d'août, constater
l'état du travail.

Il en sera de même pour la sous-préfecture de Lisieux, dont les archives se trouvaient dans un état
relativement beaucoup plus satisfaisant, mais où de
larges suppressions sont nécessaires, surtout pour la
solidité des locaux, et où le classement, sommaire, doit
être amélioré.

XI. — BIBLIOTHÈQUE DES ARCHIVES

En dehors des inventaires sommaires, je signale
principalement les envois :

Par M. le Ministre de l'Instruction publique : Collection des Documents inédits. Lettres du cardinal Maza-
rin, t. VII 1 vol. in-4°, cartonné ; Lettres de Peiresc,
t. IV. 1 vol. in-4°, broché ; Chroniques d'Amadi et de
Strambaldi, 2e partie, Chronique de Strambaldi, 1 vol.
in-4°, broché ; Recueil des Actes du Comité du Salut
public, t. V et table, 2 vol. in-8°, brochés ; La Vendée
Patriote, par Chassin, t. I, 1 vol, in-8°, broché. Cata-
logue général des Manuscrits : Archives nationales,
1 vol. in-8° broché ; Bibliothèque Sainte-Geneviève,
t. 1, 1 vol. in-8°, broché ; Bibliothèques des départe-

ments, t. XVIII-XX et XXII, 4 vol. in-8°, brochés. Bibliographie des travaux historiques et archéologiques publiés par les sociétés savantes, t. II, 3ᵉ livraison, in-4°, broché.

Par le cabinet : Notice sur May-sur-Orne, depuis les temps les plus reculés jusqu'à nos jours, par Le Behot, Caen, 1894.

Par la préfecture du Pas-de-Calais : l'Annuaire du Calvados de 1842, et 1 volume des Mémoires de la Société d'agriculture de Caen.

Par la préfecture du Rhône, au nom de l'Académie de Lyon, le t. II du Cartulaire Lyonnais.

Par Mᵐᵉ la comtesse de La Motte-Rouge : Les Dinan et leurs juveigneurs. Nantes, 1892, in-8°.

Acquisitions. — Giry, Manuel de diplomatique, 1894, in-8°. — Babeau, Le Village sous l'ancien régime, in-18 jésus.

XII. — ARCHIVES COMMUNALES ET HOSPITALIÈRES

I. — Rédaction de l'Inventaire

Comme précédemment, je me suis avant tout occupé, dans mes tournées, de l'inventaire des documents antérieurs à 1790. Voici le résultat du travail opéré depuis mon dernier rapport, pour les archives communales : 24 dépôts, 218 articles, devant former près de 20 feuilles d'impression.

CANTON DE CREULLY

Creully. — 9 articles. En dehors d'un cahier de 1786 concernant le cimetière, — où figurent Anne-Léon, duc de Montmorency, premier baron de France et premier baron chrétien, chef des nom et armes de sa maison,

prince d'Aigremont, baron libre de l'Empire et des deux
Moldaves, comte de Gournay, Tancarville et Creully,
marquis de Seignelay, Crèvecœur et Longré, seigneur
de Courtalain, La Brosse, Saint-Cyr, etc., maréchal des
camps et armées du Roi, menin de feu le Dauphin, con-
nétable héréditaire de la province de de Normandie, et
Anne-Francoise-Charlotte de Montmorency-Luxem-
bourg, duchesse de Montmorency, son épouse, — le
dépôt ne conserve que l'état civil, remontant seulement
à 1694. Mentions de docteurs en médecine et de chirurgiens. — Le 10 janvier 1702, mariage de Jean-Augustin
Saint, bourgeois de Caen, peintre, demeurant paroisse
St-Pierre. — Le 5 avril 1725, inh. dans sa chapelle de
Creullet de Marguerite de Cornier, veuve de Louis de
Quincé, comte du Saint-Empire Romain, gouverneur
des ville et château de Domfront. Note : « M. le comte
de Quincey est décédé à Creullet le jeudi 16 février 1708,
et il a été, selon son désir, inhumé à Domfront, dont il
étoit gouverneur des ville et châteaux. »—Le 1ᵉʳ mars
1744, délibération portant élection de custos et maître
d'école. — En 1753, refonte de la grosse cloche par un
fondeur de Brouay. — Rectifications à la *Nouvelle biographie normande* de Mme Oursel, notamment en ce qui
concerne le peintre Exupère Monin, né à Creully, le 31
mai 1781. Au premier registre figurent les actes d'état
civil de Feuguerolles en 1695, contenant, entre autres,
l'acte suivant : Le 31 décembre 1695, « nous, Pierre
Bougon, pbre., prieur de Feuguerolles, sur la réquisition
qui nous a esté faicte par François Le Harivel, escʳ, sʳ
de St-Vigor, d'inhumer Jacque-Nicolas Le Harivel, escʳ,
son fils, décédé du jour d'hier, aagé de trois ans ou
viron, attendu le désaveu public que led. sʳ de St-Vigor
faict d'estre marié avec damᵘᵉ Florence Letouzé, nous
avons jugé à propos de nous transporter chez led. sʳ de

St-Vigor, accompagné de M⁰ Guillaume des Hommets, advocat au bailliage de Caen et docteur aux droits, et M⁰ Pierre Lebon, conseiller du Roy, assesseur en vicomté aud. Caen, pour sçavoir en quelle qualité il requéroit lad. inhumation, à quoy il auroit respondu que j'eusse à faire lad. inhumation dud. Jacque-Nicolas Le Harivel comme son fils sous promesse de mariage, laquelle j'aurois faicte », etc..

. *Anguerny.* — 6 articles. Etat civil, remontant à 1647. — Le 27 octobre 1740, inh. du poëte Louis de La « Doueppe », sʳ de St-Ouen, avocat au Parlement de Normandie. — Le 8 octobre 1772, inhumation, dans l'église, de Nicolas Boullard, maître en chirurgie et démonstrateur en l'Université de Caen, décédé la veille à l'âge de 77 ans et 3 mois.

Anisy. — 5 articles. État civil, remontant à 1658. En 1693, 1697 et 1710, les obitiers sont chargés de tenir les écoles ; en 1693, il est spécifié que l'obitier pourra se faire payer des enfants qu'il instruira. En 1765, maître d'école spécial. Le 29 avril 1758, inh. d'Isaac Cahagnet, architecte, de la paroisse de Notre-Dame de Caen, originaire d'Anisy.

Basly. — 7 articles. Fragment de registre de délibérations du XVIIᵉ siècle. État civil, remontant à 1656. Intéressants procès-verbaux d'abjurations de protestants, notamment de Gabriel Le Duc, seigneur de Basly, en 1740. Le 12 avril 1702, inh. du curé Guillaume Marcel, autrefois professeur d'éloquence, âgé de 87 ans. En 1776, inh. de François Le Villain, maître d'école.

Bény-sur-Mer. — 6 articles. Délibérations de 1758 à 1769, en déficit. Pâturage des moutons à Vieux (1745-1768). État civil, remontant à 1674. En 1711, ratification du marché avec Etienne Lefebvre, pour la fonte des cloches. En 1723, procès-verbal de la destruction par le

tonnerre de la « pyramide » de la tour de l'église, haute
de 60 pieds, et des dégâts causés au chœur et à la nef.
Travaux de reconstruction. En 1765, inh. de Pierre de
Than, maître d'école.

Cairon. — 31 articles. Intéressantes délibérations des
XVIIe et XVIIIe siècles. En 1667, l'obitier chargé de
tenir l'école pour instruire la jeunesse sans pouvoir
exiger de paiement des pauvres de la paroisse. Le 28
décembre 1670, assemblée des bourgeois et paroissiens
pour assigner un fonds convenable au salaire du prêtre
qui prendra le soin et la charge d'instruire les enfants
de la paroisse, lesquels, dans la difficulté et la pauvreté
du temps, ne pouvant, quant à la plupart, satisfaire au
paiement de la peine qu'il convient de prendre à leur
instruction, demeurent dans l'oisiveté et l'ignorance :
pour à quoi obvier il a été arrêté que, sans tirer à con-
séquence, il sera pris sur le bien et revenu du trésor 20
livres par an, à laquelle fin ils ont donné la commission
et soin de l'instruction des enfants à Jean Le Pareur,
obitier, sauf à se faire payer des enfants qui viendront
d'ailleurs que des familles de Cairon, ainsi qu'il advi-
sera bien (délibération cancellée, non signée). En 1676,
marché pour fonte des cloches avec de La Chapelle,
maître fondeur de la ville de Caen. Le 7 avril 1709,
assemblée des paroissiens « pour establir une personne
capable de tenir les petites écholles, pour instruire les
enfants et leur apprendre les petits catéchismes, à
prier Dieu, à lire et à écrire, » « lesquels . . . . . ont
nommés et establits la personne de Ollivier Cauger, fils
Roger, et ont les dits paroissiens consenty que le trésorier luy paye par chacun an pour ses gages la somme
de vingt livres sur le bien et revenu du dit trésor de
l'église, et pour favoriser ledit establissement, moy,
dit curé, promets aussy au dit Ollivier Cauger de luy

donner par chacun an la somme de dix livres, au cas
qu'il s'acquitte dignement de la ditte charge de maistre
d'écholle. En 1758, marché avec Jean-Baptiste Bollée,
fondeur du diocèse de Langres, pour fonte de cloche.
En 1765, le custos reçoit 50 l. pour tenir gratuitement
les petites écoles aux enfants de la paroisse. En 1766,
honoraires de Boisard, architecte à Caen. En 1778, les
paroissiens accordent 150 livres pour tenir gratuitement aux garçons de la paroisse les petites écoles, de
la St-Michel au 1er août, pendant 3 heures le matin et 2
heures l'après-dîner, à l'exception d'un jour de congé
par semaine seulement, sur lequel écolage le curé est
prié par les paroissiens de veiller, afin qu'en cas de
mécontentement de sa part il en fasse son rapport à la
paroisse assemblée pour destituer le maître d'école et
en rétablir un autre ; les deux offices d' « écolage » et
« custosage » peuvent être réunis ; autorisation au trésorier de payer par an une somme proportionnée au
nombre de jeunes filles qui iront à l'école pour apprendre à lire à une maîtresse jugée par le curé capable de les instruire, au cas qu'il en trouve dans la
paroisse, laquelle somme n'excèdera pas celle de 50 l.,
etc. « Extraits collationnez des registres de la paroisse
de Cairon, tant pour audiance et lectures de contrats
d'acquest que d'autre » (1491-1677). Procédures (1661).
Etat civil remontant à 1637. Le 14 mars 1682, décès de
Thomas Dauge, docteur en théologie, doyen de lad. faculté de l'Université de Caen, curé de Cairon, inh. le
16 en l'église paroissiale de St-Etienne de Caen, étant
décédé aud. lieu. Notes du curé Guillaume Le Roux.
Difficultés entre les curés de Cairon et des Buissons :
procès-verbal dressé à la requête du curé Dauge de
l'inhumation faite à son préjudice par Jean Vollentin,
curé de Villons, de Marie Loysel, servante de Guérin

Le Sage, bourgeois de Caen, au hameau des Buissons, paroisse de Cairon ; « led. sieur curé de Villons s'est tellement emporté sur la prière qui luy a esté par nous faite d'attendre le clergé de Cairon qui étoit près le village des Buissons, qu'il avoit voulu frapper les parents de lad. deffunte, luy et les dessus dénommés qui l'accompagnoient, » etc., et prit par force le corps de la défunte sans cérémonie et l'emporta dans l'église de Villons, etc. Pain de Pâques (1670). Plan de Cairon, des Buissons et de Villons (XVIIIᵉ siècle). Documents concernant la paroisse de St-Pierre des Buissons : délibérations (1666-1676); impositions (1656-1790), procès, notamment entre les curés de Cairon et des Buissons (1662-1666); état civil (1637-1676); assistance des pauvres (1662); familles diverses (1415-1672).

Cambes. 4 articles. État civil, remontant à 1608. Le 17 *mars* 1659, mariage de François Le Roux, fils de feu Charles, de Graye, et Louise Fresnel, fille Jacques, de Cambes, moyennant la dispense du temps donné par l'official. « Nota que le mariage estoit consomé, ainsy qu'il apparoist par l'article suyvant. » Le 18 *mars* 1659, bapt. de Gilles Le Roux, fils des précédents. En déficit, les registres de 1737 à 1792.

Colomby-sur-Than. 4 articles. État civil, remontant à 1688. Le 25 avril 1758, inh. dans le chancel de l'église de Nicolas-Anne Jolivet, seigneur et patron de Colomby et de Basly, avocat en Parlement, sénéchal de l'abbaye royale de la Trinité de Caen, professeur aux droits en l'Université, prieur desd. facultés et l'un des trente de l'Académie Royale des Belles-Lettres de Caen, âgé d'environ 78 ans, mort la veille, transféré de St-Julien de Caen. En 1772, inh. de Marie-Anne Beuron, maîtresse d'école.

Coulombs. 15 articles. Délibérations, remontant à

1788. État civil, remontant à 1605. Décès de peste en 1626 : le 19 mai, inh. d'Herminie, fille de feu Henri Graffard, « dans le jardin de Calés assis dans led. lieu de Coulomb, apartenant à Jacob Graffard, son frère, la cause pour quoy elle n'a esté aportée au cymetière a esté qu'on a treuvé personne pour ce faire, pour ce qu'elle est morte de la peste. » État civil des de Couvert, seigneurs de Coulombs, gouverneurs du château de Bayeux.— Le 5 mars 1703, déclaration de grossesse de Perrine Bordel, qui a certifié être grosse des œuvres de Jean Baudouin, de la paroisse de Chouain ; le 4 juin, bapt. d'une fille âgée de deux jours, « sortie des œuvres d'Augustin Jeane et de Perrine Bordel, la déclaration qu'ell' a faite que l'enfant étoit pour Jean Baudouin ell' a dit être fausse et avoir été sollicitée par led. Augustin Jeane de donner l'enfant aud. Jean Baudouin, ainsi qu'il paroist dans ce feuillet, où est écrite la déclaration, et après avoir réparé l'honneur dud. Jean Baudouin, et luy ayant demandé pardon, et a déclaré être grosse pour et des œuvres d'Augustin Jeane, présence de plus de quatre-vingt personne, au sortir de la messe. » Le 11 septembre 1731, mariage de Louis Lepecq, sieur de La Clôture, docteur agrégé dans la faculté de médecine de l'Université de Caen, fils de défunts Claude et Charlotte Fontaine, de St-Pierre-Azif, demeurant paroisse de N.-D. de Caen, et Madeleine-Jeanne-Marguerite Pyron, fille de feu André Pyron, docteur et professeur des droits de lad. Université, et de défunte Madeleine Poignavant, de la paroisse N.-D. de Caen, demeurant à Coulombs. Note du curé : « Le sammedy 30 décembre 1775, est arivé sur les dix heures édemie du matin, le tems étant fort clair, un tremblement de terre avec un gros bruit semblable à celuy d'un carosse sur le pavé. Tout

le monde échapoit hord des maisons, croyant qu'elles
tomboient ; cela a duré viron une minute. A la même
heure il c'est fait sentir à Valongne, dans toute la
Normandie, à Paris », etc.

Courseulles. — 14 articles. Délibérations, de 1637 à
1662, et depuis 1788. Le 27 avril 1653, assemblée pour
donner ordre à la conservation de la santé des paroissiens et de leurs familles, vu les fréquentes maladies
dont ils sont journellement attaqués et auxquelles on
donne assez difficilement remède à cause de la difficulté de trouver des chirurgiens, Courseulles étant
éloigné de 4 à 5 lieues des villes auxquels on est con-
traint d'aller les requérir, même dans les plus grandes
rigueur de l'hiver : ils ont eu recours à Nicolas Osmont,
chirurgien et bourgeois de Caen, y faisant son actuelle
demeure, lequel les a plusieurs fois assistés pendant
qu'ils le sont allés requérir, et considérant que son
bien est en la paroisse de Courseulles, l'ont plusieurs
fois prié d'y rester pour les assister en leurs maladies,
lui promettant de ne l'imposer à aucune taxe et lui
permettant de faire valoir son bien par ses mains sans
pouvoir être accusé de dérogeance ni troublé en sa
qualité de bourgeoisie, à charge par lui de les assister
de sa peine pour les panser et médicamenter, ce qu'il a
accepté, lesd. paroissiens reconnaissant que la retraite
qu'il fait de la ville de Caen en la paroisse de Courseulles n'est qu'à leur prière et requête. En 1656, voté de
crédit au maître d'école, sur les deniers provenant du
trésor. Intéressants procès de 1782 à 1789, concernant
la propriété du marais, d'abord entre le domaine, d'une
part, les seigneur et habitants, d'autre part, puis entre
les habitants et Charles-Léopold, comte de Montbéliard
d'Hornbourg, comte du St-Empire, au nom et comme
ayant épousé Marie-Judith de La Rivière, en cette

qualité haut justicier baron de Courseulles, haut justicier de Bernières, Langrune, Douvres, Basly, Graye,
Secqueville et autres lieux, avec titres cités depuis le
XV⁰ siècle. Etat civil, remontant à 1617, avec note de
pièce de 1582. A signaler surtout des notes historiques :
tempêtes, pertes de marins, travaux à l'église, et surtout les trois suivantes, dues au prieur-curé Beaunier.
« Nota. L'an 1708, au mois de juillet, pendant trois
jours, il se fist une chaleur si extrême que le soleil sem-
bloit avoir quitté sa route ordinaire pour s'approcher
de nous, qu'il nous fist ressentir les ardeurs de la brû-
lante Affrique, et la terre, de concert avec luy, poussa
des vapeurs suffoquantes qui firent mourir plusieurs
personnes, dont trois dans la prairie de Caen, ce qui
fist que les juges de police deffendirent aux moisson-
neurs de travailler pendant cette chaleur depuis dix
heures de matin jusqu'à deux heures après midy. »
« Chose à remarquer. Il est à remarquer à la postérité
que l'hyver de 1708 fut si violent qu'on n'en a jamais vu
un si rigoureux. Il gela toutes les rivières et les fleuves
d'une profondeur surprenante ; les nèges en si grande
abondance et durèrent si longtemps qu'elles firent
mourir les bestes sauvages dans les forests et des
oyseaux de plusieurs espèces dans nos campagnes. Cet
hyver fist mourir toùs les blés, particulièrement en
France dans la Picardie, la Beauce, la Flandre
françoise, dans le païs de France, le Rommois, et en
plusieurs endroits en Normandie, et dans cette parroisse,
les trois quarts, tous les noyers et figuiers et autres
arbres ; il n'y eut cette année ny vin ny sidre, et la
France ne pouvoit pas fournir de quoy enseméer
les terres en froment, qui, l'esté ensuivant, fut très
cher. Le pain valut à Paris plus de huit sols, à Caen
trois sols et demy la livre dans l'autonne et l'hyver, et

à la St-Jean deux sols la livre ; en esté aucuns fruits,
de sorte que le sidre nouveau valet trente et trenté
deux pistoles le tonneau. L'esté fut d'une chaleur étouf-
fante, comme il [est] marqué deux feuuillets avant. »
« *Ad memoriam*. Cette année 1725, le blé, depuis la
St-Jean jusqu'au quinze aoust, a valu depuis soixante
livres le sac de huit boisseaux, mesure de Caen, jusqu'à
cent et cent dix livres. Il y eut au mois de juillet une
émotion populaire à Caen : Mr de Noyers, juge de police, fut pillé par le peuple et perdit dans ce pillage
plus de 30,000 livres ; ses carrosses, tapisseries,
meubles et vaiselle furent jettés à la rivière ;
Monsr d'Aube, pour lors intendant, se sauva ua
chasteau de Caen, où il demeura six semaines pour
éviter la persécution et violence de ces mutins. On fist
venir du blé d'Angleterre à 5 l. 10 s. et 6 l. le boisseau,
sans quoy le peuple et tout le monde auroit péry. La
bourgeoisie prit les armes et des soldats qu'on fist venir pour tenir le monde en respect. On n'avoit jamais
veu une pareille famine. » Construction de l'église en
en 1785. Foudation d'aumône pour les pauvres par M.
de Bellemare, baron de Courseulles, en 1728. Titres
divers : droits de varech et de gravage, etc.

Cully. — 6 articles. Travaux communaux (1787).
Procès (1788-1790). Etat civil, remontant à 1634. Le
29 juin 1712, « Jeanne Valée, sage-femme de cette paroisse, m'a présenté une fille pour baptiser, sortie *ex illi-
cito* de Marie Béquet, laquelle m'a déclaré estre des
œuvres de Monsieur Nicolas Marie, sieur des Longchamps, demeurant à Quesnet, lequel m'a envoyé
prier de la baptiser par Pierre Lévesque, son domestique, Jeanne Le Riche, sa servante, Jean Dubourguais,
son jardinier, Robert Letot et sa femme, de Sainte-
Honorine, nourrice de lad. fille, laquelle a esté baptisée

sous condition, parce que lad. sage-femme m'a dit
l'avoir ondoyée, par moy, Edmond de Beaulieu, pbre.,
curé de Cully, et nommée Marie-Thérèse par Jeanne
Le Riche, servante dud. sieur des Longchamps, et
Pierre Lévesque, ausi son domestique, et par son
ordre, » etc.

Fontaine-Henry. 2 articles. Etat civil remontant à
1699 pour Fontaine-Henry, et à 1693 pour Moulineaux,
réuni.

Le Fresne-Camilly. 9 articles. Biens communaux
(1637-1708). État civil, remontant à 1685. Le 26 octobre 1702, « nous nous sommes transporté en la maison
de Thomas Adeline, présence de Mᵉ Jean Valette, bourgeois de Caen, et de Jean Goemel (Gouesmel), parroissiens et custos de la parroisse du Fresne, à la prière et
requête de Monsieur le curé dudit lieu, gisant au lict
malade, en la quelle maison nous avons trouvé Mar-
gueritte Desbled, de la religion prétendue réformée,
laquelle nous a déclaré estre grosse des œuvres de
Pierre Sanson, aussy relligionaire, sous prétexte d'un
prétendu mariage, ce qu'elle a signé en présence des
susdits, le tout suivant la déclaration du Roy. » —
« Le 6 et 7 may 1708, une geiée de deux nuits a cuit
toutes les poires et bien endommagé la vigne. » Le
8 juin 1710, assemblée des habitants « au subject de la
tempeste arivée le samedy dernier may sur les levées
croisantes sur la dépandance dud. terroir du Fresne,
avec ce qu'il peuvent faire valoir en d'autre terroir
circonvoisins, tant par l'impétuosité de l'orage qui
ariva led. jour dernier may par la grande abondance
de la gresle qui se trouva mellée avec lad. pluie, en
sorte qu'il se trouve plus de la moitié de la parroisse
ravagée entièrement, et son ruinez par l'afliction de
lad. gresle : pour ce sujet, les parroissiens dud. lieu

ont nommé la personne d'Abraham Samson, un des plus afligés d'iceux, pour ce luy onts donné pouvoir de présenter leur requeste à Mgr. l'intendant. » Le 23 juillet 1753, inh., dans l'église de St-Nicolas-des-Champs à Paris, de Pierre Blouet de Camilly, grand'croix de l'ordre de Saint-Jean de Jérusalem, vice-amiral de France, grand'croix de l'ordre militaire de Saint-Louis, seigneur et patron du Fresne-Camilly, Cainet et Trouville. Aveu à Pierre-Louis-Gaspard de Morel, chevalier, seigneur de Beuzeval, seigneur et patron de Thaon (1734), etc. — *Cainet*, réuni. État civil, remontant à 1681. Intéressants procès-verbaux d'abjurations. Le 10 juillet 1747, bapt. de Marie-Madeleine, née du mariage de Pierre Adeline et Madeleine Durand ; le curé avait d'abord écrit *prétendu* mariage ; puis *légitime* ; il se tire d'affaire en écrivant au bas de l'acte : « Ledit Adlinne et ladite Durand font profession de la relligion prétendue réformée. » Entre autres notes figure, au cahier des sépultures de 1767, une méthode « pour faire de l'encre ». Charge des rentes et redevances dues à la seigneurie de Cully, appartenant à Marie-Constance-Adélaïde de Madaillan de Lespare, veuve de Gaspard-Alexandre, comte de Coligny (1716).

Lantheuil. 5 articles. Délibérations et comptes du trésor (1676-1718). État civil, remontant à 1676. Réception par Guéret, docteur en médecine, et Jean Paufillat, chirurgien juré de Caen, exerçant à Creully, de sage-femme, qui, « examinée et interrogée sur le faict des accouchements des femmes, a respondu fort pertinemment », etc. (1679). « Aujourd'huy 8e octobre mil six cents quatre vingt trois, environ sur les dix heures du soir, nasquit un enfant femelle monstrueux du mariage de Guillaume Le Renard et Susanne Roger, de cette parroisse, lequel enfant nasquit à sept mois selon le rapport des père et mère, les pieds devant et estant demeuré par le milieu du corps environ un quart où près de demy heure dans le passage, et aussy tost qu'il fut né, il fut baptisé par la sage-femme ; il vescut trois quarts d'heure ou une heure, pendant lequel temps on luy voyoit en mesme temps remuer dans les deux bouches les deux langues, les quatre yeux, les testes se tourner en mesme temps ; quelques une des femmes m'ont attesté avoir senty battre deux cœurs, les autres que non, à . . . . . sur les unze heures de soir. Le lendemain, je le fus voir avec nombre de personnes : il avoit deux testes, chacune de la grosseur que doit avoir un enfant venu à terme, égales en grosseur et en toutes choses, ayant chacune deux oreilles, deux yeux, un nez, une bouche, une langue, un col, estant coste à coste dans la situation ordinaire, et se rejoignant ensemble au haut des espaules, et les vertèbres sembloient se réunir entre les deux espaules, les cartilages du larinx partant de chaque bouche se continuoient et sembloient se réunir au milieu de l'estomach, lequel estoit fort large comme celuy d'un enfant de deux ans, l'os sternon fort estendu, n'y ayant cependant que deux clavicules (signé) : G. Le François. »—Pierrepont, réuni. Etat civil, remontant à 1692. Maîtres d'écoles des deux paroisses au XVIII° siècle.

Lasson. — 9 articles. Titres de propriété du presbytère, 1773. Etat civil, remontant à 1648. Addition à la *Biographie normande* de Mme Oursel, pour la date de la naissance de Pierre-Joachim Langlois, dessinateur et péintre sur porcelaine, né le 31 juillet 1759. En guise de carton on a employé, pour soutenir le parchemin qui sert de couverture au registre G G. 5, 16 pages (sur 28) de la plaquette in-4° « Lettres patentes et statuts de

l'Académie Royale des Belles Lettres de Caen,
avec le discours de Monseigneur l'évêque de Bayeux,
et la réponse du Directeur. A Caen, chez la veuve
de Gabriel Briard, imprimeur de l'Académie Royale
des Belles Lettres, rue Froiderue. M. DCC. XXXI. »
Ces fragments contiennent, entre autres, le texte
des lettres patentes de janvier 1705; fragment des
statuts ; procès-verbal de la première assemblée tenue par les anciens académiciens chez l'évêque de
Bayeux, pour délibérer des moyens de rétablir l'Académie ; discours prononcé à l'ouverture de l'Académie
de Caen après son rétablissement, par l'évêque de
Bayeux, choisi protecteur de l'Académie, le 18 janvier
1731, etc.

Martragny. — 9 articles. Etat civil, remontant à 1627.
Etats de Normandie, 1627. Curieux procès-verbal concernant la sorcellerie, 1637 : « Nota touchant la mort de
Guillaume Mouillard et sa femme, que la main et justice
de Dieu a paru en suitte de leur mort sur ceux qui l'ont
causée, car une personne de cette parroisse ayant le
fléau de la peste dans sa maison, appela un sorcier ou
magicien pour en estre délivré ; le magicien lui com-
manda de donner la peste, ce qu'il fist, et alors la peste
saisit celui auquel il l'avoit donnée, lequel estoit allé
parler à lui avec led. Guillaume Mouillard, son allié ;
on fist prières pour celui cy, et la peste lui fut ostée ;
le premier donneur la redonna aud. Mouillard, lequel
en mourut et sa famille ; comme moi, curé, j'en eu def-
fiance, j'allai trouver ce donneur de peste, et après ré-
primende, je lui deffendis l'entrée de l'église jusques à
ce qu'il eust fait pœnitence. La main de Dieu fut sus-
[pendue] comme sur un autre Cayn ; il devint comme
insensé et odieux à tous, mourut de male mort quelque
temps après, et le magicien se pendit dans l'an, et tous

ceux qui trempèrent au.... en furent chastiés manifestement de Dieu, et fut ainsi reconneu..... (lacérations) la mort dud. Guill. Mouillard fut advouée avoir esté causée de la manière susdite par ledit malfaiteur avant qu'il se procurast la mort, et la main de Dieu fut sur lui pendant tout le reste de sa vie, quoique il fist tous jours pœnitence pendant icelle. J'ai escrit ceci aprez que j'ai eu remarqué touttes ces choses, et l'é sçu signé afin qu'on y ait esgard pour redouter la justice de Dieu et pour ne se servir des sorciers. J. Mouillard. » —Autres décès de peste en 1637. Le curé tient, comme évènement mémorable, à apprendre à la postérité qu'il est allé à Paris le 9 mai 1640. Autre note du curé Mouillard, qui tient également à étaler ses connaissances médicales et philologiques. « Jacqueline, femme de Nicolas Fossé, fils Jean, est décédée dans sa maison le XII novembre 1647, de mort subite, causée par un breuvage du jus de fueilles d'if avec autres herbes qu'elle avoit pris pensant en guérir des fiebvres, d'où il faut remarquer que l'if, en latin *taxus*, est vénéneux et on en faict poison, pourquoy le poison est dit en latin *toxicum* (après correction de *toxiquum*), *quasi taxicum*, pour ce que l'if s'appelle en latin *taxus*. On a aussi remarqué que plus[res] autres sont morts de tel breuvage. Aucuns en ont esté guaris. » — Marché pour fonte de cloches avec Claude Jonchon, fondeur de Caen, 1695. Le 15 avril 1775, baptême d'un garçon noir de l'île de Madagascar, âgé d'environ dix ans, né de père et mère inconnus, lequel a été nommé Louis-Henri par Louis-Auguste-François de Cyresme, chevalier, seigneur patron haut justicier tréfoncier de Banville, seigneur patron honoraire et haut justicier de Martragny et autres lieux, enseigne des vaisseaux du Roi au département de Brest, et par Henriette-Jacqueline de Grimôuville-Larchant, son épouse, lequel garçon noir appartient aud. seigneur de Banville, et auquel a été donné le surnom d'Azor. En 1777, mariage de Denis Picard, maître d'école.

Reviers. — 8 articles. État civil, remontant à 1584. Notes sur l'horloge de l'église (1741), une « tempête » et les dégâts occasionnés à l'église (1757), la fonte des cloches (1763), et. Maîtres d'école. Documents concernant l'asile Le Chêne, à Reviers, ou en provenant. En déficit, les « Recherches sur les antiquités de Reviers, avec les noms de ses anciens seigneurs et curés », 3 registres cartonnés, manuscrits, figurant à l'inventaire de 1859. Cette compilation est l'œuvre de Le Perrier, ancien secrétaire de la mairie, qui l'a emportée lors de son départ.

Rosel. — 15 articles. 4 registres de délibérations, de 1629 à 1792, intéressants pour la reconstitution d'une communauté rurale aux deux derniers siècles : luttes pour les nominations de collecteurs, dont chacun s'efforce d'éviter la charge ; États de Normandie (1637) ; marché avec Guillaume Jonchon, fondeur de cloches, bourgeois de Saint-Nicolas de Caen (1707). Le 5 février 1792, nomination de députés pour placer entre le chœur et la nef un christ de cuivre bronzé de hauteur convenable, et les branches de fer nécessaires, aussi bronzées, les paroissiens étant tous d'une voix unanime. État civil remontant à 1635. Le 10 février 1647, le curé se transporta en la maison de Jean-Jacques Lithare, sieur de La Fresnée, bourgeois de Caen, lui ayant été rapporté qu'Esther Champion, de Secqueville-en-Bessin, était venue accoucher d'un fils en lad. maison ; interrogée de quelles œuvres, elle a répondu que c'était d'Henri Berthes, sieur de La Rengée, demeurant aud. lieu, et ayant été chassée tant par led. La Rengée que ses amies, elle aurait été contrainte de mendier par paroisses, et ne pouvant trouver aucune demeure pour enfanter, après avoir été chassée de plusieurs maisons, elle aurait requis Jeanne Lithare, femme dud. La Fresnée, de lui prêter sa maison, où elle aurait enfanté, promettant n'abandonner led. enfant ; le même jour, baptême à cause du péril.

Saint-Gabriel. — 11 articles. Biens communaux (1749-1790). Etat civil, remontant à 1586. « Le 24 octobre 1649, cérémonies du baptême « à une fille sortie de Jeanne des Essarts, fille de feu Philipes des Essarts, vivant escuier, laquelle, à ce que a dit à Marie Elie, sagefemme de Saint-Gabriel et femme de Pierre Basire, lad. Jeanne des Essarts, lad. enfam estre des œuvres de feu Monsr Rouxel, vivant religieux de Saint-Denis en France », etc. A signaler particulièrement les très nombreuses notes du curé Bosquain (deuxième moitié du XVIIe siècle), qui enregistre non-seulement les événements généraux qui arrivent, plus ou moins exacts, à sa connaissance : naissances des enfants de Louis XIV et de Marie-Thérèse, décès et élections des papes, morts des grands personnages, le duc de Longueville, le duc de Vendôme, Anne d'Autriche, le duc de Beaufort, la duchesse d'Orléans, la duchesse de Montausier, Turenne, Marie-Thérèse, Colbert, etc., guerres du règne de Louis XIV, etc., mais aussi des faits locaux, le plus souvent ignorés, et qu'il est vraiment plus intéressant de relever, en particulier la mort de ses confrères voisins — pour une époque où l'état civil manque souvent—les mariages et surtout les décès des personnages notables à Caen, à Bayeux et aux environs, nobles, fonctionnaires (entre autres l'intendant Chamillart), médecins, avocats, docteurs et professeurs de l'Université, artistes, comme Herson, peintre à Bayeux (mort en 1667), Le Bourgeois, maître de musique à Saint-Pierre de Caen (1683), Du Pont, peintre à Caen (1691), événements divers, entre autres la révocation de l'Édit de Nantes à Caen, démolition du temple, etc., l'arrestation en 1686, à Sallenelles, de huguenots prêts à passer en Angleterre, la réception à Caen de Jacques II, roi d'Angleterre, en 1690, assassinats, vols à main armée, faits divers de la vie journalière, dont le suivant servira de spécimen : « Le mercredy la nuict, 26 juin 1680, sur la minuict, sont entrés en la maison de Creullet deux hommes par les fenestres et sont allés en la chambre du hault de l'escalier, où estoit couché Guillaume Aubery, procureur de Mme de La Bindelière, lequel ils ont assasiné en dormant, de cinq coups de serpe, dont il est mort le jeudy quatre uillet sur le midy, et le lendemain inhumé par moy dans la chapelle de Creullet, présents les sieurs curés de Villiers et Crépon ; et de là venus en la chambre de Madame, qui estoit couchée, luy demander la bourse avec un marteau à boucher, la menaçant de la tuer si elle crioit et ne bailloit pas de l'argent, que elle dist aller quérir, et se sauva dans la chambre de ses filles et cria, et les larrons fuirent ; on en soupçonne Marin Richard dict La Rivière, qui avoit servy led. sieur de La Bindelière, et Beauregard Le Maire, du Manoir ou Rye, et un aultre. » C'est là une « mine » très riche de documents de toute nature, qui a été, pour l'inventaire, largement explorée.—État civil de Fresné-le-Crotteur, réuni à Saint-Gabriel, de 1656 à 1792.

Secqueville-en-Bessin: 13 articles. État civil, de 1592 à 1791. Peste de 1635. Le 13 juillet 1679, inh. de Robert Beaussieu, doyen de la faculté de théologie de Caen, curé de Secqueville, décédé le 12. Abjurations en 1685. Délibération de 1712 pour nomination d'obi·

tier, chargé de « tenir les petites écoles pour les pauvres enfans de lad. parroisse dans sa maison. » En 1732, fonte de cloches donnée par ou refondues aux frais de M. de Bellemare, seigneur de Valhébert et Secqueville, baron de Courseulles; donations diverses dud. de Bellemare.

Thaon. 13 articles. État civil, remontant à 1654. En 1729, délibération concernant des travaux à l'église. Maître d'école. Notes sur le cahier des sépultures de 1774.

Vaux-sur-Seulles. 8 articles. Délibérations remontant à 1788. État civil, remontant à 1668. État civil de Vaussieux, réuni, remontant à 1602. Extrait des registres de la paroisse de St-Sauveur de Cayenne, dans la France équinoxiale, concernant l'inhumation, en 1760, au cimetière de la Savane, d'Etienne Fleury, préfet apostolique de Cayenne et de la province de Guyane, curé de Vaussieux.

Villons-les-Buissons. 3 articles. État civil des Buissons remontant, non plus à 1627, comme à l'inventaire de 1859, mais à 1669 (un des cahiers recouvert d'un contrat de mariage de 1601). Maître d'école.

CANTON DE DOUVRES

Douvres. 16 articles. Délibérations (1788-1790). État civil, remontant à 1644. En 1711, délibération pour l'établissement d'un maître d'école. A signaler particulièrement les notes du curé de La Vigne, concernant l'« histoire de la fonte des cloches » en 1730 par les fondeurs lorrains Nicolas Mustel et Nicolas Baret, les troubles auxquels elle donna lieu dans la paroisse, les dons d'ornements, les travaux faits par le chapitre de Bayeux à la chapelle de La Délivrande, notamment

« un grand autel en marbre qui fut travaillé à Paris »,
et « une belle grille de fer » également faite à Paris,
à la suite desquels le curé orne l'église de Douvres de
sculptures en provenant, entre autres d' « une image
en bosse, faitte de terre cuitte, de St Regnobert », dont
il fait un St Rémy, patron de son église, de quatre
grands Chérubins, exécutés par « Le Vandenger », et
surtout d'un « grand tableau de l'Annonciation, qui
faisait le fond du grand autel de la chapelle de Notre-
Dame de La Delleyvrande..... peint par Mr Restout
en l'an 1654 ». Autres notes sur la tour de l'église de
Douvres, écrasée par le tonnerre en 1722 et rebâtie
en 1750 seulement, sur des travaux exécutés par Pé-
ronne, sculpteur à Caen (1757), par Élouis, doreur à
Caen (1759), etc. Brefs de Clément XII, Benoit XIV
et Clément XIII.

Il ne m'a pas été possible de relever ici, pour chaque
commune, les noms des principales familles dont les
actes d'état civil composent la plus grande partie de
l'inventaire. Je cite, au hasard, les d'Amours, de
Baillehache, de Baudre, de Bellemare, de Boisgelin,
de Bonnechose, de Bragelonne, de Cahaignes, de
Cairon, de Carbonnel de Canisy, de Caumont, de
Cauvigny, de Clinchamps, de Crennes, de Croixmare,
de Dramard, d'Ecajeul, d'Escoville, des Essarts, de
Foulognes, de Franquetot, de Fresnel, de Grimouville,
d'Hacqueville; Hue de Navarre, Le Bas de Cambes,
Le Vaillant, L'Hôte de Livry, de Longaunay, de Mal-
filâtre, de Malherbe, de Marguerie, Marquier de Villons, de Mathan, de Matignon, de Montalembert, de
Montéclair, de Morel, de Novince, Piédoue de Char-
signé, de Pierrepont, de Rohan, de Saffray, de Sallen,
de Seignelay, de Sillans, de Thioult, de Touchet, de
Tournebu, Turgot de Saint-Clair, de Valois d'Escoville,

de Vauquelin, de Vieuxpont, etc., etc. — c'est-à-dire les plus connues de la province.

II. — Inspection

L'inspection des archives communales et hospitalières a un triple but : 1° La constatation de l'état du dépôt, qui motive des instructions verbales ou écrites pour le classement et le répertoire des papiers modernes ; 2° la préparation de l'inventaire des archives anciennes, demandé par le Ministère ; 3° la recherche et la réintégration au dépôt départemental des pièces étrangères aux affaires communales, notamment des fonds paroissiaux.

La tournée de 1894 comprend les communes du canton de Douvres, en vue de l'inventaire des documents antérieurs à 1790, et les chefs-lieux de canton du département, pour l'exploration des archives des bureaux d'enregistrement, en vue de la réintégration des documents concernant les biens nationaux, qui vient d'être autorisée, et des titres antérieurs à 1790 pour ceux non encore explorés. Plusieurs mairies des chefs-lieux de canton y sont également comprises.

Le résumé des procès-verbaux d'inspection sera joint au présent rapport.

Veuillez agréer, je vous prie, Monsieur le Préfet, l'hommage de mon très respectueux dévouement.

L'Archiviste du Département,
Inspecteur des Archives communales et hospitalières,

ARMAND BÉNET.

Caen. — PAGNY, imprimeur de la Préfecture, rue Froide, 27.